AF263483

QUELQUES CONSIDÉRATIONS

SUR LA

QUESTION POLITIQUE DU MOMENT;

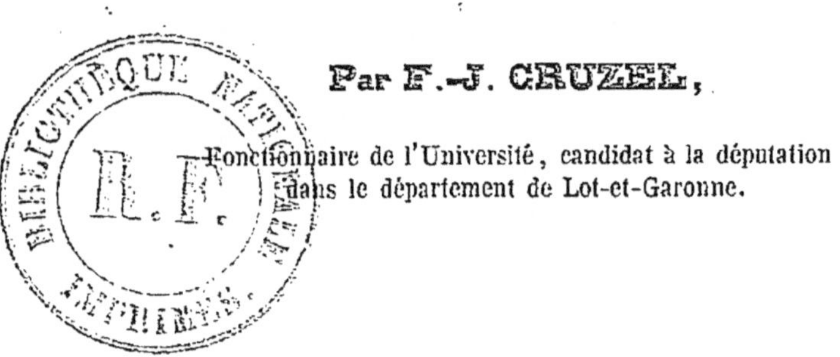

Par F.-J. CRUZEL,

Fonctionnaire de l'Université, candidat à la députation
dans le département de Lot-et-Garonne.

BORDEAUX,

CHEZ HENRY FAYE, IMPRIMEUR,

rue Sainte-Catherine, 139.

1848

QUELQUES CONSIDÉRATIONS

QUESTION POLITIQUE DU MOMENT.

> Une révolution dans les faits
> suppose une révolution dans les
> esprits.

———

Le 22 février, la république, loin d'être une crainte sérieuse pour ses ennemis, n'était même pas une espérance prochaine pour ses amis. Personne n'y songeait. Seuls, ses fils les plus dévoués la regardaient comme une bonne fortune qui pouvait leur venir d'en haut ; ils se battaient pour la défense de nos libertés attaquées. Dans la mêlée, une inspiration subite les illumine ; ils agitent le drapeau du peuple au-dessus de tous les partis ; ce coup de main, que leur audace avait tenté, leur réussit presque au delà de leurs espérances, et le 24, Paris, insurgé contre ses ministres, s'endort républicain au milieu des feux de joie de sa victoire.

Comment un roi puissant, habile entre tous, fort de son expérience de dix-sept années et d'une obéissance conquise par un vaste système de lois, soutenu d'une renommée de sagesse dans le conseil des souverains, est-il tombé si vite, au milieu d'une garde de soixante mille hommes, les mieux disciplinés qui

furent jamais, et derrière les abris formidables d'une enceinte
de citadelles; comment à un ordre de choses a succédé, presque sans lutte, sans effusion de sang, un ordre de choses si dif-
férent? C'est ce qu'on n'expliquera que par une révolution préa-
lable et fortement consolidée déjà dans les esprits; c'est que la
république était debout, inaperçue dans ce peuple sans armes
qui s'agitait, le 22, entre les rangs des soldats de Louis-Philip-
pe. Notre civilisation l'avait enfantée sans jeter un cri; il ne lui
fallait que le nom pour briller à tous les yeux. Les faits le lui
ont donné, parce que le fait ne peut pas ne pas suivre l'idée.

Ce n'est donc pas une question que l'on doive sérieusement
s'adresser, que celle de savoir s'il faut ou non adopter la république. On peut déjà dire à ses amis qu'elle n'est plus pour eux
une espérance, à ses ennemis, qu'ils seront obligés de la subir.
Maintenant elle est comme le soleil, aveugle qui ne la voit pas,
aveugle qui ne voit pas que l'avenir lui appartient. Mais la véritable question, la seule qui mérite d'être examinée, celle qui
appelle les méditations de tous les hommes animés d'intentions
patriotiques, c'est la question de l'avenir de la république et du
parti qu'il convient de prendre définitivement, à son égard, dans
les élections prochaines. Or, l'avenir de la république est tout
entier dans les conditions d'ordre public et de liberté que l'on
adoptera. Il suffit, pour s'en convaincre, de jeter les yeux sur ce
qui s'est passé à Paris, au milieu même du combat, dans l'effer-
vescence de la victoire; sur ce qui se passe maintenant autour
de nous. A peine, à Paris, par suite de cet aveuglement qui avait
porté la force des armes à se heurter malencontreusement contre la force des esprits, à peine l'idée nouvelle avait-elle engagé
la lutte contre l'idée vieillie, que le cri de l'ordre, du respect à
la propriété, se fait entendre de tous côtés; on met à mort les
voleurs, on salue le christ, on proclame la fraternité de tous les
membres de la famille humaine. Autour de nous aujourd'hui,
c'est encore le mot d'ordre, de tranquillité publique, qui se trouve
dans toutes les bouches. Mille clubs, à la parole ardente, à l'agi-
tation fiévreuse, évoquent, dans toute l'étendue de la République, toutes les passions, toutes les idées, qui, si nous n'étions
pas mûrs pour la liberté que nous nous sommes faite, n'auraient

pas laissé vestige d'organisation sociale. Là, s'élaborent les institutions de l'égalité; là, fermente, sans déborder, le gouvernement de l'avenir, et, si les intérêts ont souci, si le peuple souffre, si le travail tombe, c'est que le capital, conspirateur ou timide jusqu'à la lâcheté, se cache et fait défaut à la civilisation qui demande à marcher.

La question du moment est donc toute à déterminer quelles sont, à partir de ce jour, les véritables conditions de l'ordre public et de la liberté pour notre patrie.

Existe-t-il actuellement, pour la France, telle que l'ont faite les révolutions, après toutes les tentatives monarchiques, après l'impuissance de la gloire des armes, peut-il exister, en dehors de la république, une forme de gouvernement qui satisfasse aux deux besoins les plus universellement sentis de la société actuelle, la liberté dans l'ordre et l'ordre dans la liberté?

Examinons les opinions qui agitent les esprits et qui hier partageaient notre parlement :

« Aux deux limites extrêmes, étaient la politique restrictive et monarchique, qui succombe en ce moment, et la politique expansive et démocratique que la révolution vient d'inaugurer. La première repose sur cette supposition que, dans une société monarchique, la majorité des citoyens est incapable de juger sainement des affaires générales du pays et de choisir avec discernement ceux qui doivent la gouverner. Une petite minorité est seule en position de s'intéresser à la chose publique et de bien connaître les intérêts de la nation ; de telle sorte que l'État, tout institué qu'il est par l'universalité des citoyens, ne doit néanmoins sortir que du sein de cette minorité privilégiée. Étendre au delà de cette minorité l'intervention des citoyens, c'est introduire l'anarchie dans la monarchie, c'est reconnaître à tous des droits qu'un très-petit nombre peut exercer, c'est dépasser les limites naturelles du pouvoir des citoyens, c'est étendre les devoirs du peuple sans lui donner les moyens de les remplir, c'est tendre un piége à son orgueil, c'est remettre ses intérêts les lus chers à la merci de ses passions et de son impuissance, l'est faire assister la monarchie, avec toutes ses pompes, au souvernement du peuple par le peuple lui-même, c'est offrir aux lommages des citoyens un roi de théâtre indigne, à cause de son inutilité, des sacrifices énormes qu'il impose.

» La politique démocratique et expansive s'appuie sur ce prin-ipe, que le peuple peut légitimement prétendre à tous les droits ésultant des devoirs qu'il sait pratiquer. Le peuple comprend t accepte avec résignation la grande loi du travail, quelques udes que soient pour lui les conditions dans lesquelles il l'ac-omplit. C'est l'obéissance à cette loi universelle de l'humanité ui confère les vrais mérites et les distinctions naturelles entre es hommes, comme elle devrait, aux yeux de la raison, con-ξrer les récompenses et les distinctions sociales. Puisque le peu-le a supporté jusqu'à ce jour avec courage les sacrifices que le ravail impose, il s'est donné par sa vertu le droit d'intervenir ans l'organisation du travail social ; non pas pour en supprimer ι nécessité ou pour rejeter sur d'autres le poids le plus lourd, ιais pour alléger la charge de tous en distribuant, selon les lois 'une harmonie intelligente, les rôles et les fonctions que tous es travailleurs doivent remplir dans l'œuvre immense de la ri-hesse nationale. Le peuple aujourd'hui comprend, mieux que lusieurs savants, que tout travailleur de bonne volonté a droit ιx bénéfices du crédit qui alimente son travail ; que le crédit 'est pas possible sans la confiance, et que le seul moyen de la ιire naître est de substituer à l'isolement des travailleurs l'as-ociation qui les rend solidaires. » Et ne demandez pas au peuple il sait juger aussi bien des affaires internationales, s'il sait en uoi consiste la vraie dignité, la mission vraiment utile de la rance ; s'il comprend quelles sont les solides garanties de la ιix du monde. Consultez à ce sujet quelle a été l'opinion pu-lique dans des circonstances difficiles où la raison vieillie des ommes d'État se trouvait embarrassée, et vous vous convain-ez que son instinct ne lui fit jamais défaut et que, s'il avait é maître, il ne serait pas tombé dans des fautes que nous dé-lorons aujourd'hui. Sans doute, cet instinct n'a pas encore reçu ßducation nécessaire pour que chaque individu, dans les derniers rangs sociaux, puisse décider une haute question de diplomatie; mais, encore quelques jours et cette éducation sera faite; jusque-là ayez confiance dans l'esprit général. Il donne tous les jours de bien rudes leçons à ceux qui se croient supérieurs à sa sagesse et à sa force! Ainsi pense la politique démocratique expansive.

Entre les deux politiques que nous venons d'esquisser et qui se dessinent si nettement, la première par sa défiance, la seconde par sa foi dans la raison et la conscience du peuple, il existe deux politiques de transition, que leur caractère mixte rapproche de l'une ou de l'autre des deux premières.

La politique de transition, qui dérive de la politique restrictive, est un progrès par rapport à cette politique; mais, au fond, les résultats qu'elle donne sont à peu de chose près les mêmes. Elle sent la nécessité de ne pas demeurer stationnaire au milieu du mouvement des esprits, mais elle n'ose s'avancer autant qu'eux. Elle les voit progresser et se sent entraîner, mais elle résiste, et, si elle croyait pouvoir les arrêter, elle le ferait peut-être. Timide en toute mesure, son langage se sent de son hésitation, de son inconsistance. Elle voudrait être claire, mais sa parole exprime le oui et le non sur le même point; elle n'a pas fait un pas en avant, qu'elle s'efforce d'en faire un en arrière, et, si quelquefois elle promet, elle se réserve la ressource d'une ruse au moyen de laquelle elle croira pouvoir être impunément parjure; sa raison, irrésolue, flotte entre les avantages et les inconvénients de chaque chose et ne réalise le progrès qu'avec des réserves qui le rendent illusoire. Assise dans le fauteuil de M. Guizot, elle n'a brillé que par l'art de donner à chaque cause la couleur qu'elle voulait lui donner, de violer ses engagements les plus solennels en paraissant les remplir, de semer le découragement autour d'elle, de détruire la foi politique, de démoraliser la nation. Vous l'avez vue en présence de la nécessité, proclamée à haute voix, d'étendre les limites qui resserraient les rangs de la minorité; ce ne fut qu'au bruit de la colère du peuple, soulevé par son irrésolution, qu'elle osa se prononcer. Le lendemain, un commentaire serait peut-être venu, si elle n'avait été renversée, essayer de restreindre le droit qu'elle avait enfin reconnu.

« La seconde politique de transition croit sincèrement que la majorité du peuple est mûre pour la liberté. Elle réclame énergiquement pour lui la plénitude de ses droits; mais elle veut que la monarchie assiste à son émancipation politique. Elle ne croit pas qu'en France maintenant un roi puisse se maintenir, s'il ne reconnaît tous les droits du peuple, s'il ne s'impose pas la tâche sérieuse de le mettre à même d'en jouir pleinement, et, d'un autre côté, elle ne croit pas à l'ordre, dans la liberté qu'elle proclame, si le roi ne préside pas à leur accord. Elle proclame la république avec la haute présidence d'un roi. Elle veut protéger la majesté des espérances par la majesté des souvenirs, assurer la grandeur, la durée, la sainteté des nouveaux principes, par la grandeur et la sainteté de la royauté. »

Voilà les quatre partis qu'il est important de bien juger, sous peine de tomber dans les plus grands périls; car, dans les révolutions, les périls naissent presque toujours de la fausse idée que l'on se fait des conjonctures où l'on se trouve et de la valeur des partis que l'on défend ou que l'on combat.

La politique restrictive est-elle possible? la supposition sur laquelle elle s'appuie est-elle fondée? Est-il vrai que la majorité du peuple soit incapable de juger sainement des affaires générales du pays? C'est à l'histoire qu'il faut le demander et particulièrement à l'histoire des soixante dernières années. C'est là que ce peuple a écrit, en glorieux caractères, des preuves d'une haute sagesse, d'une intelligence supérieure, d'un bon sens admirable d'à-propos, d'une grande vertu. Mais si, malgré ces éclatants témoignages, on pouvait nier la capacité politique du peuple, si, même en voyant l'effet que produisent dans la rue les actes des grands diplomates, on refusait de reconnaître qu'il est assez mûr pour exercer ses droits politiques, il est un fait contre lequel la monarchie du privilége viendra toujours se briser; c'est que le peuple a foi dans sa capacité et dans sa vertu. Vainement les vaincus de février regarderaient cette foi comme une illusion de l'orgueil, comme un enivrement de sa victoire, cette foi existe, et rien ne pourra prévaloir contre elle; elle frappera d'impuissance toute politique fondée sur la défiance envers lui, et l'impuissance, nous le savons bien aujourd'hui, l'impuissance dans un gouvernement est un signe infaillible de mort. Ne répondez donc plus à cette impatience que vous montre le peuple d'entrer enfin en possession de ses droits, par cet outrage qu'il vous a hier renvoyé si énergiquement : « Tu dois renoncer à tes » prétentions; le fardeau de tes destinées est trop lourd pour » tes faibles épaules; laisse à un petit nombre d'hommes, seuls » compétents pour les diriger, le soin d'administrer tes affaires. » Voilà une injure gratuite, une monstrueuse extravagance; soyez-en sûrs, le peuple répondrait, à la première occasion, si la politique restrictive pouvait reprendre la place qu'elle a perdue, par les barricades et les pavés de l'insurrection.

Non, le peuple qui a fait les révolutions de 1789, de 1830, et du 24 février, n'a plus besoin, pour être maintenu, qu'un roi repose dans un luxe payé par la sueur de ses sujets, sous les lambris des Tuileries. La pensée d'un enfant vagissant dans son berceau ne pourrait empêcher que sa conscience ne lui révélât sa souveraineté, lors même qu'il ne l'aurait pas déjà exercée. Croire qu'un roi soit possible aujourd'hui en France, c'est croire qu'un peuple héroïque en est encore à trembler aux contes des géants d'autrefois, et qu'il n'osera soutenir la vue de leur palais, quand il en a fouillé tant de fois par ses armes toutes les retraites et tous les recoins.

Que les conservateurs s'en pénètrent bien : aujourd'hui il n'y a que des aveugles qui croient la politique monarchique restrictive capable de maintenir le peuple par la force ou par l'autorité d'une logique en opposition avec la conscience qu'il a de ses droits, de son aptitude et de sa vertu. Qu'ils y prennent garde. L'avenir de la France dépend, pour une grande part, de la ligne de conduite qu'ils vont suivre aux élections prochaines. Quoiqu'ils ne soient pas assez forts pour faire rétrograder la révolution jusqu'à leur passé politique, néanmoins il dépend d'eux, s'ils ne savent pas

juger sainement la situation politique, ou s'ils refusent de se mo-
difier profondément, il dépend d'eux d'introduire dans la repré-
sentation nationale des éléments de réaction, de restauration,
un principe de lutte intestine qui, pour être tout à fait impuissant, quant à leurs vœux, n'en pourrait pas moins produire de
très-fâcheux résultats, et exercer sur l'esprit de notre république une influence violente. Que l'histoire, que j'ai déjà invoquée,
leur serve d'enseignement. Sans doute, notre révolution, à son
début, n'a pas et ne pouvait avoir le caractère de la première
république, mais les passions sont presque toujours les mêmes,
à toutes les époques, au fond du cœur de l'homme. Prenez garde
qu'elles ne s'éveillent. A l'exemple des faux conservateurs de
92, que les hommes qui nous tendent la main aujourd'hui ne
nourrissent pas de coupables désirs, des projets antirévolution-
naires. A force de résister au seul gouvernement qui soit possible, ils pourraient tendre outre mesure les ressorts du pouvoir
et le pousser à la *terreur,* comme à la seule planche de salut
pour la liberté. On le leur a déjà dit : « La révolution ne recu-
» lera pas; qu'on s'en souvienne. » Il faut donc se rallier fran-
chement au drapeau de l'avenir. Si les classes ouvrières, si nom-
breuses et si fortes de leurs droits, longtemps méconnus, sont
obligées de traîner à la remorque les hommes qui pour pouvoir
le bien de tous n'ont qu'à le vouloir sincèrement, les plus grands
dangers nous attendent.

Les deux politiques de transition, placées entre la monarchie
restrictive et la politique expansive, sont-elles placées dans les
conditions actuellement possibles de l'ordre et de la liberté?
Non, par le fait même qu'elles ont été dépassées par la marche
des événements qui sont l'expression fidèle de la marche des
esprits. Si les esprits n'avaient pas été prêts à la démocratie
pure, n'en doutez pas, ils se seraient arrêtés devant les hommes
qui leur ont présenté un gouvernement de compromis; ils n'auraient pas de plain-pied et sans opposition adopté pour guides
ces onze hommes qui, le lendemain de la victoire, sont allés
s'asseoir à l'Hôtel-de-Ville, seuls, sans autre pouvoir que celui
qu'ils tiraient de leurs opinions purement républicaines. Ne
croyez pas que le peuple eut, comme par une influence magique,

abaissé ainsi ses faisceaux devant ces nouveaux consuls, et posé les pavés de sa colère à la voix de l'un d'eux. Voyez, lorsque ce même peuple a demandé ce que ne comportait pas la révolution déjà faite dans l'esprit public, il a été impuissant. Le drapeau sanglant de la terreur a été arboré par les derniers héros des barricades, comme si le sang qu'ils venaient de répandre avait appelé d'autre sang; mais ce drapeau fit bientôt place au drapeau qui a fait le tour du monde avec la gloire et la liberté de la France. De même le premier cri de *vive la République!* aurait été sans écho, si l'heure de son règne n'avait pas eu sonné; si le peuple avait eu encore besoin de la tutelle d'un roi. Il n'en était pas ainsi : les destinées de la France, de l'humanité, ne pouvaient plus être confiées à la politique des faux-semblants qui, par sa timidité, a donné occasion de naître à la république; elles ne pouvaient pas non plus être confiées à l'autre politique de transition qui, plus avancée, n'en était pas moins en arrière. Le temps n'est plus où le peuple se laissera prendre aux piéges de la duplicité et de l'intrigue. J'en vois la preuve, et dans ce mépris écrasant dont la conscience publique a couvert, comme de leur linceul éternel, les hommes qui portaient la livrée des flatteurs et des fourbes; j'en vois la preuve dans la force de la jeune république. Le temps n'est plus où la pompe dont s'entourait la royauté puisse empêcher le peuple de pénétrer dans les secrets de sa faiblesse. Les illusions ne sont plus permises à son égard, les séductions ne sont plus possibles pour les esprits mêmes qu'elle tenait sous son charme. Les fleurs desséchées de sa couronne s'en sont allées au souffle des révolutions, et avec elles le prestige qui soutenait les rois d'autrefois. Il faut reconnaître que mettre l'ordre et la liberté, tels que les progrès du siècle les ont faits, sous le patronage de la royauté, c'est mettre la force, le progrès, l'avenir, sous la protection du passé, de la réaction, de la faiblesse, le vainqueur sous la protection du vaincu, croire que le peuple en est encore à ses jouets d'enfance. Non, il ne pourrait plus prendre au sérieux son obéissance à une autorité qu'il vient de balayer comme la poussière. Je demande d'ailleurs, en terminant ce que j'ai à dire sur ces deux politiques, quelles garanties de durée aurait l'ordre, si le peuple, avec la conscience de sa force, de sa souveraineté, voulait bien consentir à ce qu'on lui donnât un roi qui, dans le fait, ne pourrait avoir sur lui aucune autorité efficace.

Ainsi, il n'y a plus qu'un gouvernement possible en France, c'est la démocratie pure, sans voile, sans image, sans symbole; c'est la république en esprit et en vérité, sous le nom que le peuple lui a donné le jour de son baptême.

Voyons maintenant quelles sont les conditions de l'ordre et de la liberté dans notre république.

Je les place 1° dans une adhésion franche, sincère, raisonnée de la part de tous; 2° dans une intelligente organisation du travail; 3° dans un système d'instruction publique large et conforme en tout à l'esprit nouveau.

Il y a trois manières d'adhérer à la république : la première est hypocrite et intéressée. On se dit : « La république triomphe; vive la république! Les hommes de faveur vont faire place à d'autres hommes. Voilà des places à remplir, des honneurs à donner, de nouvelles fortunes à élever. Pourquoi ne partagerais-je pas les dépouilles de ceux qui s'en vont, pourquoi ne profiterais-je pas d'une circonstance favorable à toutes les ambitions, sauf à payer ma dette de reconnaissance à la liberté en l'étouffant dans mes bras? car, une fois parvenu au but, l'important sera de s'y maintenir, et, il faut l'avouer, la liberté est une bien grande source de dangers pour ceux qui possèdent. » Une telle adhésion ne mérite pas discussion, mais elle doit être surveillée de près par le pouvoir et par les honnêtes gens. Au lieu des places, des honneurs, de la fortune qu'elle convoite, elle ne doit recevoir que le salaire du mépris public.

La seconde manière d'adhérer à la république mérite plus de bienveillance que de blâme; elle peut venir d'une triste expérience du passé, d'une crainte exagérée, de la timidité d'hommes sincères avec leur conscience, mais trompés sur les hommes et la situation. Ceux-là se disent : « Mieux eût valu que les choses n'eussent en rien été déplacées, puisque, après tout, la somme du bien compensait la somme des maux, sous la monarchie déchue. L'expérience nous prouve que peu de chose suffit pour pousser une révolution dans une voie violente, faisons trêve à nos regrets, résignons-nous à la république, puisque c'est la république qui nous empêche de tomber dans tous les désordres qui nous apparaissent après son règne; et qu'on ne peut revenir au passé sans une révolution plus terrible que celle par laquelle nous venons de passer. » Ce pessimisme est faux et injurieux au bon sens de la nation. Toutefois, les hommes qui en subissent l'influence doivent être ménagés; ils n'ont besoin que d'être éclairés, rassurés, encouragés, fortifiés. Ceux-là souffrent et méritent des égards. Que la république soit généreuse, grande et forte, et vous les verrez l'embrasser avec confiance, avec amour.

La troisième manière d'accepter les institutions républicaines vient du cœur et de la raison. Elle vient de cet amour pour le bien, pour la justice, pour la vertu, qui, comme l'a dit avec tant de justesse le grand Montesquieu, est le principe fondamental d'une république. Elle consiste à se pénétrer des intérêts que l'on a jusqu'ici méconnus, et qu'il est si juste de placer aujourd'hui au rang qu'ils méritent. Elle consiste à bien comprendre que l'ordre n'existait pas dans la société qui vient de s'écrouler, ou du moins que les vices d'organisation nécessitaient un changement dans les conditions premières de l'ordre social établi. Elle consiste à juger le peuple tel qu'il est, sans conclure de l'état où l'ont laissé les mépris et l'oubli des gouvernements passés, à une dépravation, à une ignorance irrémédiables. Non, il n'est pas raisonnable de désespérer ainsi de la nature humaine, car c'est désespérer de Dieu. Sous cet extérieur rude et grossier, de généreuses institutions trouveront un fond riche de droiture, de bonne volonté, d'amour du travail, de vertu. Le peuple n'est ni brute ni méchant; le peuple a été longtemps déshérité de ses droits, oublié, méprisé; il est capable d'acquérir cette éducation intellectuelle et morale qui élève l'homme à la véritable grandeur. Croyez-en ces instincts généreux qui ont jusqu'ici suppléé à ce qui lui manquait.

Où est le remède au mal que le passé a laissé s'appesantir sur la population laborieuse? Dans une intelligente organisation du travail et de l'instruction. Nous sommes tous membres de la même famille, la famille humaine. Une loi universelle nous régit. Cette loi est juste et sainte comme son auteur. L'accomplissement volontaire de cette loi donne naissance à un mérite naturel qui doit avoir la sanction immédiate, promise dans le texte : « Tu mangeras ton pain à la sueur de ton front. » Le pain quotidien, prix du travail, est donc un droit de chaque membre de la famille humaine. Une société qui ne fournit pas à chacun les moyens de vivre de son travail, est une société vicieuse, et partant court encore les dangers d'une révolution. Que cette conclusion n'étonne personne. L'histoire est là qui atteste hautement que chaque révolution est un pas nouveau fait vers l'accomplissement de la loi de Dieu, et déjà nous sommes en droit d'affirmer que l'humanité ne se reposera que le jour où le code divin sera devenu le code des gouvernements humains.

La grande famille des travailleurs comprend tous les ouvriers de l'agriculture, de l'industrie et du commerce. Ils sont divisés : 1° en travailleurs valides, athlètes courageux de l'humanité, toujours prêts à lutter contre la nature, et à conquérir un nouvel empire de l'esprit sur la matière; 2° en travailleurs sans travail ou qui ne peuvent en exercer l'obligation, comme les vieillards, les infirmes et les pauvres; 3° en capitalistes.

Il n'existe entre ces trois classes aucun lien qui les fasse se soutenir réciproquement, ou du moins l'expérience prouve que ceux qui existent sont insuffisants pour assurer à chacun le pain auquel il a droit. Associer les travailleurs, rendre solidaires tous les membres qui composeront chaque association, et mettre ainsi l'union à la place de l'isolement, de l'individualité, étendre le crédit en lui offrant assez de garanties, voilà les premiers moyens de consolidation, les premiers gages de durée que l'on doit s'efforcer de donner à la république. L'effet d'une république bien entendue doit être de resserrer les liens entre tous les membres du corps social. Elle ne dépouille point ceux qui possèdent en faveur de ceux qui n'ont point encore. Elle doit aux riches, de faire fructifier leurs capitaux; aux pauvres, de faire fructifier leur travail. Que les riches se rassurent, que les pauvres aient confiance et patience, la république obtiendra ce glorieux résultat parce qu'elle le veut sérieusement, parce que l'impossibilité n'existe pas, parce que les capacités palpitent sous sa main. Comment! l'esclavage de la pauvreté et de l'ignorance, comme le dit M. Louis-Blanc, pèse de tout son poids sur la plus nombreuse classe de la société; le travailleur n'a pas d'asile pour son vieux père; la fille du peuple, à seize ans, s'abandonne pour vivre; l'enfant du peuple est enseveli à dix ou douze ans, dans une filature empestée, et l'on ne chercherait pas le remède à un tel mal? Tout cela est-il donc tellement conforme à la nature des choses, qu'il y ait folie à croire que tout cela doit changer un jour? Non, la république n'est qu'un mot vide de sens, ou cet état de choses ne peut subsister. Là, n'en doutons pas, est une des principales conditions de sa durée.

Toutefois, l'organisation du travail telle que nous l'entendons et telle, je crois, qu'on l'entend généralement, suppose une organisation nouvelle dans l'instruction publique, car, sans le crédit, il n'est pas possible de fonder des associations de travailleurs, et, pour que le crédit naisse, il faut que le travailleur offre des garanties au capital.

Il n'est pas nécessaire que ces garanties soient de l'or ou une richesse matérielle quelconque; il faut et il suffit qu'il présente, par ses lumières et sa moralité, des chances solides de succès dans les entreprises auxquelles son travail est consacré. C'est l'État, et l'État seul, ou nous nous trompons, qui peut se charger de cette partie de la tâche. En organisant l'instruction publique sur un plan plus vaste, en opérant de sages réformes dans l'instruction primaire, en donnant un plus grand développement à cette institution, en rendant la haute instruction accessible aux enfants du peuple qui annonceraient de grandes dispositions, il la remplira en créant des écoles spéciales pour chaque profession. Ainsi, le fils du travailleur pourra, dès qu'il aura reçu les premières notions de l'instruction, apprendre la théorie de son état avant d'en entreprendre la pratique, et même, dans certaines circonstances, faire marcher ces deux choses ensemble.

Ce n'est pas seulement dans le but de former le travailleur à l'exercice de son état, que l'instruction publique doit être organisée sous les institutions nouvelles. C'est encore, et avant tout, dans celui d'élever le citoyen. Voyez quelles sont les objections portées par la politique restrictive et par les deux politiques de transition aux principes proclamés par la république : les principales sont que la majorité des citoyens est incapable de juger sainement des affaires générales du pays, qu'elle n'est pas en position de s'intéresser à la chose publique, qu'un très-petit nombre peut exercer les droits reconnus par le nouveau gouvernement, qu'étendre au delà de la minorité privilégiée l'intervention des citoyens dans les questions politiques, c'est dépasser les limites naturelles de leur pouvoir; c'est enfin supposer beaucoup de lumières et de vertu dans le peuple.

Ne nous dissimulons pas l'état des dernières classes de la société. Bien qu'il soit vrai qu'il y ait assez de bon sens et de droiture dans le peuple, bien qu'on puisse et qu'on doive compter assez sur les généreux instincts dont il a fait preuve pour qu'on ne craigne pas de proclamer tous ses droits, il y a cependant quelque chose de vrai au·fond des reproches qui nous sont adressés par les partisans du système restrictif. Il faut reconnaître que l'oubli dans lequel le gouvernement des rois a laissé ce peuple, nous le livre loin de la hauteur morale et intellectuelle à laquelle il serait à désirer qu'il fût déjà parvenu. Son éducation morale et politique est à faire presque entièrement, et tant qu'elle ne sera pas faite, la république ne reposera pas sur des fondements solides. Il faut, pour qu'elle n'ait rien à redouter à l'intérieur, pour qu'elle soit forte, que tous comprennent bien qu'elle est le meilleur de tous les gouvernements possibles; que tous soient en état de juger combien tout en elle est vrai et grand, que tous l'aiment pour elle-même, que chacun puisse et désire contribuer, pour sa part, à la prospérité publique; que tout citoyen ait assez de lumières pour comprendre quel doit être son rôle dans l'harmonie sociale universelle, et assez de vertu pour ne pas vouloir la détruire.

Or, les écoles communales sont insuffisantes pour arriver à ce résultat. Je vois dans ces écoles une institution vraiment républicaine, échappée peut-être à l'imprévoyance du gouvernement déchu ; mais cette institution a besoin d'un plus grand développement. Elle vient d'acquérir une trop haute importance pour que la sollicitude du gouvernement ne la mette pas à même de produire tout le bien qu'elle peut faire sur la population un peu arriérée des campagnes.

Quant aux établissements où se donne la haute instruction, ils sont entièrement inutiles au peuple, dans le but même de leur destination, puisque l'entrée en a été jusqu'ici exclusivement réservée au privilége de la fortune et de la faveur. Et cependant, quelquefois aussi, l'enfant du pauvre serait devenu capable de rendre à la société d'importants services, s'il lui eût été possible de recevoir l'éducation libérale que l'État a donnée gratuitement à tant d'intelligences stériles.

Mais laissons à l'avenir, au soin des hommes éclairés qui vont surgir du choix de la nation, la solution des grandes questions d'où dépendent les destinées de la France, et aussi, sans aucun doute, de toute l'Europe, puisque, en ce moment décisif, l'Europe attend que la France marche pour la suivre.

Concluons : Un roi n'est plus possible en France ; il y aurait danger à tenter de relever le trône ; plus de restauration. — Il faut adhérer sincèrement à la république ; son avenir est dans cette adhésion, dans une intelligente organisation de l'instruction publique, du travail et du crédit.